我的古代科学家朋友

彩绘·有声版

徐鲁 著　书小宇 绘

祖冲之的故事

山东文艺出版社

图书在版编目（CIP）数据

祖冲之的故事 / 徐鲁著；书小宇绘 . -- 济南：山东文艺出版社，2024.5
（我的古代科学家朋友）
ISBN 978-7-5329-7163-3

Ⅰ．①祖… Ⅱ．①徐… ②书… Ⅲ．①祖冲之（429-500）—生平事迹—少儿读物 Ⅳ．① K826.11-49

中国国家版本馆 CIP 数据核字（2024）第 076464 号

祖冲之的故事
ZUCHONGZHI DE GUSHI

徐鲁 著 书小宇 绘

主管单位	山东出版传媒股份有限公司
出版发行	山东文艺出版社
社　　址	山东省济南市英雄山路 189 号
邮　　编	250002
网　　址	www.sdwypress.com
读者服务	0531-82098776（总编室）
	0531-82098775（市场营销部）
电子邮箱	sdwy@sdpress.com.cn
印　　刷	济南新先锋彩印有限公司
开　　本	890 毫米 ×1240 毫米　1/32
印　　张	4.25
字　　数	68 千
版　　次	2024 年 5 月第 1 版
印　　次	2024 年 5 月第 1 次印刷
书　　号	ISBN 978-7-5329-7163-3
定　　价	29.00 元

版权专有，侵权必究。如有图书质量问题，请与出版社联系调换。

致小读者们

亲爱的小读者们，你们一定知道"祖冲之"这个名字吧？

月球背面有一座环形山，叫"祖冲之环形山"。这是第一个以中国人的名字命名的环形山。以此命名，也是为了纪念这位伟大的中国古代科学家。

此外，茫茫太空中还有一颗国际永久编号为1888的小行星，被命名为"祖冲之星"。

祖冲之（公元429年—公元500年），生活在一千五百多年前，是我国南北朝时期南朝的一位数学家、天文学家和机械制造巨匠。

据史书记载，祖冲之出生于官吏世家，几代人都在朝廷里掌管历法等方面的事务。他的曾祖父名为"祖台

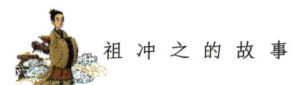

之",不仅懂得历法,还喜欢文学,撰写过名为《志怪》的笔记体小说集;他的祖父名为"祖昌",是朝廷任命的大匠卿,这是专门负责土木工程和建筑营造事务的官吏;祖冲之的父亲名为"祖朔之",也有一个朝廷任命的官衔,叫"奉朝请"。能被任命为奉朝请的人,大都是饱读诗书、学识渊博的人。皇宫里举行重大的典礼、宴会时,这些人往往会被邀请参加。

因为出生在这样的家庭里,所以祖冲之从小就受到了良好的家庭教育。祖父经常给他讲"斗转星移"等天象;父亲更是悉心指导,令他勤读《九章算术》等前人留下的经典。渐渐地,祖冲之就对天文、历法和数学等产生了浓厚的兴趣。祖冲之后来在自己的著作中说,他从少年时代起就"专功数术,搜练古今"。也就是说,他把从上古时代起、一直到他生活的时代为止的有关"数术"的文献、记录、资料,几乎都搜罗来进行了对比、考察和研究。

在考察和研究的过程中,祖冲之还坚持决不盲目相信和虚推古人的原则。也就是说,他在考察和研究的过程中,不把自己的思路束缚在古人的一些固定甚至是错误的结论之中，而是自己动手、动脑，亲自进行精密的测量，重新做出细致的推算。

青年时代，祖冲之因为博学多才，被南朝的皇帝派到了当时朝廷设立的一个名叫"华林学省"的学术研究机构，专门从事研究工作。后来，他又担任了与行政管理相关的职务。

南朝时期，朝廷还设立了总明观，这是当时最高的学术研究机构，相当于现在的中国科学院。各地有名望的学者，大都被聘请到了总明观任教。祖冲之后来也奉命调入总明观担任教职。

总明观里有大量的藏书，年轻的祖冲之在这里如鱼得水，饱览了天文、历法、算术、阴阳、文学等方面的珍贵的藏书，丰富了自己的学识，也扩大了自己的视野。这为他成为一位杰出的科学家奠定了坚实的基础。

祖冲之在世七十二年，在中国古代算是比较长寿的人了。作为古代杰出的科学家，祖冲之取得的科技成就，主要表现在三个方面：

一是在天文和历法领域。他经过长期的精密的观测和计算，又通过核对大量的已有的天文、历法方面的记

祖冲之的故事

录和典籍，提出了革新当时的历法的主张，编写出了一部更加符合天象特征、更为科学化的《大明历》。

二是在算术领域。他经过一次次周密的推算，最终算出了圆周率（π）的数值在 3.1415926 和 3.1415927 之间，相当于把圆周率的数值精确到了小数点后面的第 7 位。这是当时全世界最精确的圆周率数值。因为这个精准的发现，后来成立的世界纪录协会，把祖冲之列为世界上第一位将圆周率的数值计算到小数点后第 7 位的科学家。一直到 15 世纪左右，阿拉伯数学家阿尔·卡西才打破了祖冲之创造的这一纪录。1573 年，德国数学家奥托（另译为"鄂图"）也把圆周率精确地计算到了小数点后面的第 7 位。这是欧洲人第一次计算出精确的圆周率，但比祖冲之迟了一千多年！

祖冲之对圆周率数值的精确推算，不仅是对中国科学，也是对全人类科学做出的一个重大贡献，所以后人用他的名字命名他发现的圆周率，称为"祖冲之圆周率"，简称"祖率"。

三是在机械制造领域。他曾耗费很大精力来琢磨和研究机械制造，用铜制机件制造出了灵巧的"指南车";还制造出了一天能走上百里的"千里船"和"木牛流马"。此外,他还发明了可以利用水力来加工粮食的"水碓磨",设计制造出了用来衡量和计算时间的计时器"漏壶",即现在常见的沙漏。

2021年5月8日,中国科学院院士、量子物理学家潘建伟带领的科研团队,成功研制出了全球最大量子比特数的超导量子体系——量子计算原型机。为了纪念祖冲之这位杰出的古代数学家首次将圆周率精确地推算到小数点后第7位,也为了向他为中国、为人类贡献的"祖率"致敬,潘建伟院士和他的团队满怀喜悦和敬意地把这台量子计算原型机命名为"祖冲之号"。

在"祖冲之号"诞生之前,世界上只有谷歌实现了"量子优越性",具备了53个量子比特;而"祖冲之号"可操纵的超导量子比特,多达62个!目前,"祖冲之号"已经冲到了世界量子计算机第一名的位置。"祖冲之号"具备超快的并行计算能力,它能通过自己的特定算法,提供高于传统计算机指数级别的加速能力,并能在天气预报、材料设计、密码破译、大数据优化、药物分析等领域,发挥自己的超强作用。

祖冲之的故事

"祖冲之号"超强的计算能力,当然是生活在一千五百多年前的数学家祖冲之无论如何也无法想象的。

现在,让我们再回到祖冲之的故事上来。公元500年,中国古代杰出的天文学家、数学家、历法改革家和发明家祖冲之,永远地离开了人世,享年七十二岁。

祖冲之的儿子名为"祖暅",也是南朝的一位精通数学、天文和历法的学者。他铭记父亲临终前的嘱托,传承了父亲未竟的事业,把祖冲之的有关算术的文章收集了起来,编为六卷,名为《缀术》。这部书编好后,很快就被更多的人传抄和用来学习算术,后来又传播到了海外,成为一部具有世界影响力的中国经典数学著作。

从祖冲之到"祖冲之号",跨越了一千五百多年。中华民族探索未知的科学领域的脚步从未停止过;中华民族对人类科技文明和进步所做的贡献,也层出不穷、数不胜数。

这本书要给小读者们讲述的,是祖冲之这位古代杰出的科学家的生平故事和他所取得的非凡的科学成就。

那么,就让我们从祖冲之的童年时代讲起吧……

扫码免费听全书

目录

致小读者们……………1

跟着祖父上工地……………1

老石匠讲的故事……………11

数星星的小孩……………21

国子学的时光……………33

木杆的影子……………43

华林学省的骄子……………53

编写《大明历》……………63

《大明历》的奥秘……………73

神奇的计量器……………83

艰苦的演算……………93

水碓磨和指南车……………105

未了的心愿……………119

跟着祖父上工地

扫码听本篇

"子曰：'学而时习之，不亦说乎？有朋自远方来，不亦乐乎？人不知而不愠，不亦君子乎？……'"

刚满八岁的祖冲之又被父亲叫到了庭堂前，他大声地背诵着《论语》。

这段文字，祖冲之不知道已经背诵多少遍了，早就背得滚瓜烂熟了。说实话，他的心里厌烦透了。

背完了《论语》，还要背诵《诗经》：

"呦呦鹿鸣，食野之苹。我有嘉宾，鼓瑟吹笙。吹笙鼓簧，承筐是将。人之好我，示我

周行。……"

背着背着,祖冲之就忍不住打起了哈欠。

"文远,好好背呀!怎么又心不在焉地打起了哈欠?"父亲大声呵斥道。"文远"是祖冲之的字。

"父亲,老是背书、背书、背书,有什么用呀!"

"'少壮不努力,老大徒伤悲。'小孩子不背书,不用心学习,长大了就会一事无成!"不用说,父亲教训祖冲之的话,也是祖冲之早就听腻了的老一套。"孔夫子不是也说过吗?'不读《诗》无以言'。你要是从小不好好读《诗经》,长大了连句中听的话都不会说!"

没办法,祖冲之只好强打精神,继续往下背诵:

跟着祖父上工地

"呦呦鹿鸣,食野之蒿。我有嘉宾,德音孔昭。……"

这时候,祖冲之背书,正像小和尚念经——有嘴无心。他的心,又飞到了祖父经常指给他看的繁星闪烁的天空中,或是祖父偶尔带他去看热闹的建筑工地上……

公元429年(南朝宋文帝元嘉六年),祖冲之出生在丹阳郡建康县(今江苏省南京市)。他的祖籍是范阳郡遒县(今河北省涞水县)。他的祖父祖昌是朝廷任命的大匠卿,这是专门负责土木工程和建筑营造事务的官吏。为了躲避战祸,祖父带着家人从北方迁到了江南。所以,祖冲之就出生在了江南。

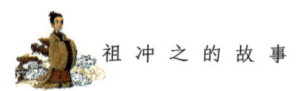

因为要管理建筑营造上的事务，所以祖冲之的祖父时常要亲自到一些大型的建筑工地巡查。

"祖父，可以带我去工地吗？"有一天，祖冲之突然跟祖父提出了这样的要求。

"小孩子不在家好好做功课，去工地干什么？就知道贪玩！"父亲一听祖冲之的话，又忍不住大声呵斥起来。

"朔之，你像文远这么大的时候，我可没有天天把你关在家里背《论语》呀！小孩子，哪有不贪玩的？"

跟父亲相比，祖父的思想观念一直很开明。也许是因为经常在户外做事，祖父提出了"散宜生"的主张。就是说，小孩子和小牛、小羊、小马一样，不能"关养"，而应该"放养"，小时候的眼界和心气散一点儿、野一点儿，长大后也许会更有出息。

"朔之"是祖冲之的父亲的名字。祖朔之也有一个朝廷任命的官衔,叫"奉朝请"。能被任命为奉朝请的人,大都是饱读诗书、学识渊博的人。皇宫里举行重大的典礼、宴会时,这些人往往会被邀请参加。

"父亲,您总是惯着文远,这样下去……"

"你不用担心。我倒是觉得,你把文远天天关在家里背诵'四书五经',使他小小年纪就成了'书呆子'和'老夫子',这样会毁了文远的前程的。"

"这么说,祖父是答应带我去工地了?"古灵精怪的祖冲之,一下子就明白了祖父讲的道理。

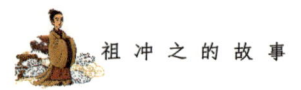

"嗯,祖父带你去,让你亲眼看看什么是'坎坎伐檀兮,置之河之干兮',什么是'伐木丁丁,鸟鸣嘤嘤'。"祖父笑着说道。

祖冲之从小就有机会跟着祖父上工地,亲眼看到了劳动者们挥汗如雨、铿锵有力地喊着"嗨哟嗨哟"的劳动号子做工的场景。他也看到了,那些有经验的石匠、木匠、泥瓦匠、烧窑工等用自己高超的智慧和神奇的技艺,让粗糙的顽石变成了美丽的石雕,把笨重的木头变成了漂亮的飞檐斗拱,用一块块散落的砖头砌起了笔直的高墙,又让毛糙的土坯变成了结实的青砖和红砖……

"祖大人,又带着小少爷来看光景了?今天日头晒得很!给,快给小少爷戴上草帽挡挡毒日头,免得少爷晒伤了皮肤。"在工地上,一位老石匠给祖冲之和祖父递过来两顶草帽。

祖父是管理工地的官员,但他对工地上的每一位匠人都很友好。祖冲之看得出来，匠人们也很尊重和爱戴祖父。

"文远，以后见了这位老石匠，要喊李师傅哟！听师傅的话，戴上草帽，不要晒伤了。"

"石匠师傅，哦，不，李师傅辛苦了……"祖冲之边说边给老石匠行鞠躬礼。

"哎呀，使不得，使不得！哪有官家少爷给我们这些手艺人行礼的规矩，不敢当，不敢当啊！"

"李师傅，小孩子玩性大，好奇心也重，往后你多给他讲讲手艺上的事，也算是一种启智啊！"

"遵命，祖大人。只要小少爷愿意听，故事多的是呀！"

老石匠讲的故事

老石匠讲的故事

扫码听本篇

果然,老石匠的头脑里好像装着永远也讲不完的故事。在劳动的间隙,老石匠和其他工匠师傅在喝水、歇息的时候,就抽空给祖冲之讲上一两段小故事。

有一段故事,讲的是木匠业的祖师爷鲁班的大徒弟发明了"弓人",这引起了祖冲之极大的好奇。

老石匠说:"从前,人们总以为,木牛流马是三国时期的诸葛亮发明出来的,是和魏军打仗时用来载运粮草的。这是不对的!木牛流马并不是诸葛亮发明的,而是老早以前就有了的!"

13

祖冲之的故事

"那肯定是鲁班祖师爷发明的。"祖冲之想当然地说道。

"也对,也不对!有人说鲁班发明了木车马,木牛流马是鲁班的大徒弟张班做出来的。"

"鲁班的徒弟叫张班?"

"拜在鲁班祖师爷门下的弟子多得数不过来,"老石匠说,"老一辈人传下来的故事里讲,凡是鲁班祖师爷正式收下的徒弟,就都用师傅的名字作为自己的名字,原来姓什么,就叫'什么班'。大徒弟叫张班,二徒弟叫周班,三徒弟叫李班……徒弟里头手艺最好的,还得数大徒弟张班。"

"这就叫'名师出高徒'啊!"一个工匠笑着插嘴道,"李师傅,你的大名叫李满升,那你的大徒弟、二徒弟、三徒弟……是不是也得叫张满升、周满升、赵满升之类的啊?"

"别打岔!我哪能跟鲁班祖师爷比?"

老石匠讲的故事

"你们别打岔,让李师傅接着往下讲呀!"祖冲之也赶紧嚷嚷道。

"当然了,张班手艺再好,那也都是鲁班祖师爷教的。据说,张班不单单做出了木牛流马,并且还做出了一种'弓人'。今天我就给祖家小少爷和你们讲讲这弓人的故事。"

原来,张班从小就心灵手巧,后来又用心跟着鲁班师傅学艺,平时肯吃苦,肯下功夫。鲁班很喜欢这个徒弟,就把自己的技艺一样不留地全都传授给了张班。

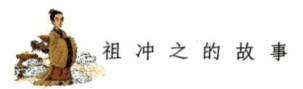

祖冲之的故事

据说,张班做出来的弓人不仅能自己走、能搬运东西,要是把弓子拉紧了,它还能够跑呢。

不过,张班为了做出这个弓人,可是耗费了很大的功夫。算起来,他用了大约两年的时间,才把弓人做成型。

起初,弓人做成型后,还不那么灵活,连一步也动弹不了。张班很焦急,心想:"不能动弹的弓人,只能算是一张弓,哪还能叫弓人呢?"当时,张班真想三刀两斧把它劈了。

可他转念一想,好歹也该让师傅过过目,让师傅给指点一下,就是不成样子,师傅也不会笑话自己的。

于是,张班就把自己做的弓人送到了师傅面前。

鲁班师傅一看,就明白了张班的用意。眼前的弓人虽然不能动弹,但毕竟耗费了徒弟很多的心血。鲁班前前后后、左左右右端详了一番,一下子就看出问题出在了哪里。他坐在凳子上,抿了一口茶,摇了摇头,说道:"木料用的是好木料,不过,'功太短,手太矬,心太高',这样做出来的弓人,还能走吗?"

张班听了这番话,满脸羞惭,又似有所顿悟,就赶紧拿着弓人回去了。

回到自己的木工作坊,张班一边反复端详着弓人,一边咂摸着师傅的话:"'功太短,手太矬,心太高'?嗯,师傅这是话里有话啊!"他又把这个弓人仔细地打量了一番,最后,终于找到了弓人不能走动的原因……

"李师傅,到底是什么原因呢?"祖冲之迫不及待地问道。

"别着急,听我给你解释,"老石匠微笑着不慌不忙地继续说道,"原来,鲁班师傅真的是话里

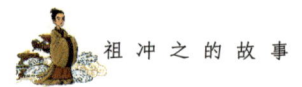

有话。他说的'功太短',既是说张班用的功还不够,又是指做这个弓人用的弓子有点儿短;'手太矬',既是指张班有点儿眼高手低,又是说弓人的手有点儿偏左了;'心太高',既是说张班有点儿心高,急于求成,又是指弓人的手心吊得太高了。如此看来,鲁班师傅是不是话里有话呀?"

"对呀!要是张班不用心听、用心琢磨,还真领悟不透师傅的指点呢!"

"张班不愧是张班呀!他很快就领悟到了师傅的用意,连忙把弓人后面的弓子加长了,又把弓人的手向右挪了挪,然后把弓人的重心放低了一些。你们猜怎么样了?张班刚把这些调理和修整好,那个弓人就自动迈开步子走了起来。"

"真有这么神奇吗?"祖冲之眨着黑亮的眼睛问道。他听得入了迷。

"老一辈人传下来的故事,那还能有假?"老石匠说,"这时候,张班欢喜得几乎要跳起来!他连忙跨上弓人见师傅去了。"

"后来呢?"祖冲之又好奇地问道。

"后来,有了弓人,张班觉得还差点儿什么,就继续开动脑筋,又制造出了木牛流马。有了木牛流马,就可以叫弓人赶着它们驮运东西了。这样既省人力,运送又快捷,不会耽误时间。不过,在此之前,鲁班祖师爷曾发明了木车马。"

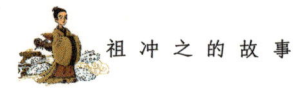 祖冲之的故事

"李师傅,现在你们在这里做工,累得满头大汗、气喘吁吁,为什么不也学着张班的样子,用木牛流马和弓人来替代人力呢?"

"小少爷果真是聪明伶俐,说得好啊!"老石匠叹了口气说,"可惜呀,不知为什么,张班做弓人的手艺没有传下来。所以,在魏、蜀、吴三国鼎立的历史时期,诸葛亮就只能依靠前人的传说,制造木牛流马了。"

"是呀,太可惜啦!"祖冲之也紧皱着眉头说道。

不过,老石匠讲的故事,从此也深深地印在了祖冲之的心里。这就像智慧的种子一样,说不定哪一天就会悄悄萌芽呢!

数星星的小孩

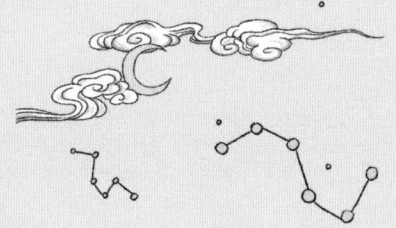

扫码听本篇

　　在遥远的古代,中华民族的祖先曾经做过许多关于飞天的美梦。他们也曾幻想过,用自己充满智慧的头脑和勤劳的双手打造出一把"金钥匙",去打开通往蓝天的大门。

　　两千多年前,生活在楚国的浪漫主义诗人屈原,仰望着皓月当空的神秘苍穹,禁不住浮想联翩。他在诗歌中表达了这样的遐思:"夜光何德,死则又育?厥利维何,而顾菟在腹?"意思是,月亮具有什么德行,为什么能够缺了又圆、死而复生?它是出于怎样的考虑、为了怎样的利益而把玉兔养在自己的腹中?(还有一种说法,现代诗人闻

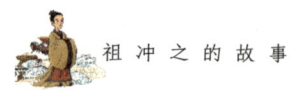
祖冲之的故事

一多在《天问释天》这篇文章里认为,"顾菟"就是蟾蜍。)

据说,东汉时期的科学家张衡,曾经发明和制造出了一种可以自动飞翔的木鸟。明代有一个被称作"万户"的人,他曾突发奇想,想用土火箭作为动力,载着人飞到天上去。于是,他坐在一把捆绑着49支土火箭的椅子上,手持两个大风筝,试图飞上天空……虽然万户的飞天梦想并没有实现,但是他的想法和思路给后人留下了宝贵的启示。

为了纪念这位第一次用土火箭载人飞行的飞天英雄,现在,月球背面有一座环形山就是用"万户"命名的。

飞向蓝天,飞向太空……这是中国人千百年来一直在追求的一个伟大的梦想!今天,如果去敦煌莫高窟游览,走进那些大大小小的洞窟,你会看到,那里有许多生动的彩塑和壁画都描画了我们祖

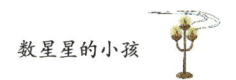

数星星的小孩

先的美丽的飞天梦……

小时候的祖冲之,也是一个喜欢仰望星空的孩子。

因为他的祖父懂得许多天象和历法方面的学问,所以只要祖父空闲的时候,祖冲之就会拉着祖父一起坐在晴朗的、繁星闪烁的夜空下,让祖父指给他看,传说中的天河在哪里,北斗七星在哪里,牵牛星和织女星又在哪里。

慢慢地,祖冲之对天上的星星也有了自己小小的发现。

认识北斗七星的人都知道,北斗七星排列的形状看上去就像一把带着长把儿的勺子。有一天夜里,祖冲之突然对祖父说道:"祖父您看,北斗七星的'勺子把儿'今天好像翻了个个儿,朝着南面了。前两个月里,它可是指向东面的呀!难道北斗七星也像小孩一样喜欢翻跟斗吗?"

祖冲之的故事

"嗯,文远,这个问题问得好啊!"祖父笑着给祖冲之解释道,"要弄明白这个天象,你得先知道一个名叫'张衡'的大学问家!"

"张衡我知道,他不是东汉人吗?父亲给我讲过,地动仪、浑天仪都是张衡制造出来的。"

"说得对。除了能预测地震的地动仪、依靠水力转动的浑天仪,张衡还造过一台能测验风向的候风仪。可惜啊,他造的地动仪没有传下来。"

"父亲说,张衡还很会写文章。"

"是呀,张衡可是世间少有的'通才',《两都赋》《二京赋》《思玄赋》这些传世的好文章,都出自他的手笔。他不但文章写得好,学问也很大,可谓上知天文、下知地理。他还动手制作过自动车、自动木鸟、指南车等稀奇的东西呢!"

"祖父,张衡这个大学问家也懂天象吗?"

"当然懂了!文远,你看,我们现在看到的月亮,是不是在发光呀?"

"是呀,月光像水银一样。"

"你知道吗?张衡就提出过,月亮本身并不会发光,像水银一样的月光其实是太阳光反射而来的。他还写过文章,清楚地解释了为什么会出现'天狗食月'(月食)的天象!"

"这么说来,张衡必定也像祖父一样,平时很喜欢观测天象喽?"

"喜欢得很哪!张衡的老家在河南南阳,可他十多岁的时候就离开了家乡,到长安和洛阳游学、念书去了。当时的长安和洛阳可是繁华的都城,人来车往,熙熙攘攘,热闹得不得了!不过,张衡并不稀罕这些。他不断地告诫自己,要远离享乐之地,用功读书,以求报国之门。他最喜欢做的事就是远离热闹的人群,坐在草地上观测天象。张衡年纪轻轻就被朝廷看中了,进宫廷做了太史令……"

 祖冲之的故事

"祖父,什么是太史令?"

"太史令可是朝廷里很重要的官职呢!春秋时期的太史令,不仅掌管起草文书、记载史事、编写史书等,还要兼管国家的典籍、天文、历法、祭祀等,算是朝廷里的重要官员了。不过,到了张衡所在的东汉时期,太史令的职位已经降低了,成了专门掌管天时、星历的官员。所以,张衡做了太史令,就专门负责观察和记录当时的天象变化。好在这份工作也正好符合他少年时代就有的志向和兴趣。所以他乐此不疲,越做就越是痴迷!"

"祖父,观测天象本来就很吸引人呀!不然,您怎么也那么喜欢观测天象、推算历法呢?"

"是呀,天象是一部永远也读不尽、读不透的大书啊!"祖父继续给祖冲之讲道,"经过几年的观测和研究,张衡断定,我们脚下踩着的地面是圆的,所以月亮才能借助太阳的照射反射出光来。张

衡还认为，天空就像鸡蛋壳一样包在大地的外面；大地就像是蛋黄，处在天空的中间……"

"在张衡眼里，天和地，日和月，原来是这样的呀！"祖冲之惊讶地说道。

"是呀，这和千百年来我们的老祖宗对天地、日月的看法，完全是两码事呢！哦，话题扯得太远了。文远，你不是问北斗七星的'勺子把儿'为什么翻了个个儿吗？"

"是呀，为什么会这样呢？"

"根据张衡的观测和推算，他发现，天上的星星不但会走动，而且走动的速度也都不一样。所以他认为，'近天则迟，远天则速'。也就是说，一颗星星走动得是快还是慢，跟它与天的距离是大有关系的。离天近的，走得就慢；离天远的，走得就快。"

"祖父，真的是这样吗？"

"是不是真的,你不是已经看到了?祖父也在观测呢!要想得出自己的结论,还是要靠自己去观测、发现和判断呀!不过,北斗七星喜欢翻跟斗这个天象,祖父倒是略知一二。"

"祖父,您快讲呀!"

"关于北斗七星翻跟斗,古人经过长期的观测,总算找出了一年中不同的季节里'勺子把儿'指向不同方向的规律。有一本古书叫《鹖(hé)冠子》,里面记载了相关的口诀:'斗柄东指,天下皆春;斗柄南指,天下皆夏;斗柄西指,天下皆秋;斗柄北指,天下皆冬。'"

祖冲之跟着祖父，把这个口诀一连念了好几遍。

"文远，记住这个口诀了吗？"

"祖父，我记住了。有了这个口诀，我就明白北斗七星的'勺子把儿'转向是怎么一回事了。"

"是呀，眼下的季节刚刚由春入夏，按照口诀，'勺子把儿'的指向当然要从东边转向南边了。等夏天过去了，秋天到了，北斗七星的'勺子把儿'又会指向西方呢。"

就这样，祖父不断地教给祖冲之一些有趣的天象知识，祖冲之对日月星辰的兴趣也越来越浓厚。全家人都笑称他是个"数星星的小孩"。

国子学的时光

扫码听本篇

早在晋武帝咸宁二年（公元276年），朝廷就开始设立国子学，与太学并立。太学，相当于现在的大学；国子学，是专门为皇室子弟、贵族和官家子弟开办的学校，实行正规教育，不仅任教的老师们都是当朝赫赫有名的学者，而且国子学的各种条件设施也都是一流的，学堂里的藏书尤其丰富。国子学一般设有五位博士，都是正五品以上的大学者。此外，还有三品以上甚至是二品以上的学者，担任掌佐博士和助教。

在祖冲之生活的南朝时期，国子学依然存在。因为祖冲之的曾祖父、祖父、父亲都是朝廷任命的

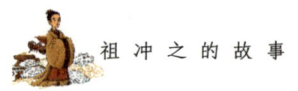 祖冲之的故事

官员,所以祖冲之少年时进入了国子学就读。

当然,不是所有的皇室子弟、贵族和官家子弟都是那么喜欢读书的。祖冲之的同窗中,有的从小就娇生惯养、备受溺爱,所以到了国子学也不愿用功读书,只知道玩乐和贪图享受,白白糟蹋了国子学那么好的学习环境和学习条件。

祖冲之却是一个勤勉好学、刻苦用功的少年。加上他小时候经常跟着祖父去工地,跟很多普通的手艺匠人、平民百姓的孩子都有交往,从来也不娇生惯养。所以,在国子学,祖冲之一直是个优秀的学生。更难得的是,他从小就生出了对普通劳动者的同情心,也很尊重他们的情感。到了少年时代,渐渐地,他又生出了忠君报国、渴望建功立业的家国情怀。

在国子学读书的日子里,少年祖冲之除了仍然保持着观测天文的强烈兴趣外,还惜时如金,如饥

似渴地阅读了国子学里数学、机械、文学、历法、乐律等门类的大量藏书。

因为喜欢仰望星空，爱好户外观测，所以祖冲之并没有像一些"读死书"的少年那样，把自己读成一个"书呆子"。对此，他的祖父很是欣慰，有时候会禁不住在祖冲之的父亲面前自夸几句："幸好文远小时候经常出入户外工地，倘若按照你那套方式管教文远，没准儿国子学送给我祖家的，就是一个少年'老夫子'呀！哈哈哈……"

因为祖冲之平时表现得勤学多思、才智出众，所以国子学的先生们给了少年祖冲之六个字的评语："少稽古，有机思。"

祖冲之的故事

"稽古",就是指喜欢考察古人的事迹。这原本是必须的、正确的事,但过分"稽古",就会变成钻牛角尖,一味地模仿古人,就成了"读死书"。这六个字的评价是说,少年祖冲之在考察和学习古人时,很少拘束、模仿和钻牛角尖,而是善于独立思考,能发挥自己机敏的才思。用现在的眼光看,这是作为一位科学家所必须具备的优良素质。

这时候,祖冲之依然那么喜欢仰望茫茫的星空、观察神秘莫测的天象。

他发现,晴朗的夏夜或秋夜里,位于西北方的天狼星是茫茫夜空中最亮的一颗星。然而,在中国古老的星象学里,天狼星属于二十八星宿里的井宿,是一颗主侵略之兆的"恶星"。所以,中华民族的祖先们,曾经把船尾星座、大犬星座连在一起,将其想象成一张横跨在天际的弓箭,而那个箭头,正对着那颗好像时刻在眨眼睛、蠢蠢欲动的天狼星。

宋代的文学家苏轼在《江城子·密州出猎》中写下了千古名句:"会挽雕弓如满月,西北望,射天狼。"此中的"天狼",指的就是这颗主侵略之兆的天狼星。

熟悉中国古代历史的人都明白,正是在这颗主侵略之兆的"恶星"的影响下,中华民族数千年来居安思危、枕戈待旦,虽然饱受挫折,但能一次次浴火重生、自强不息。中华民族自古就是一个与人为善、热爱和平、向往幸福的民族。但是来之不易的和平与幸福,需要一代代人付出智慧、力量甚至生命来维护。古人认为,只要蠢蠢欲动的天狼星没有消失,战争就不会离我们远去。

天狼星下,战旗猎猎。

少年祖冲之从司马迁的《史记》、班固的《汉书》和唐诗、宋词里,读到了许多爱国将领为国出

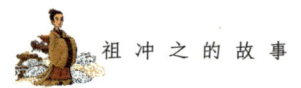

征、饮马瀚海、驰骋沙场、挽强弓射天狼的故事。卫青、李广、霍去病、班超、祖逖……这些敢于饮马瀚海、封狼居胥的爱国英雄的形象，一个个都在少年祖冲之的心里闪闪发光！

在这些先贤和英雄当中，祖冲之心中最为仰慕的，是霍去病和祖逖这两位在少年时代就为国家建功立业的英雄。

"匈奴未灭，何以家为！"这句流传千古的豪言壮语，就出自西汉时的爱国名将、少年英雄霍去病之口。当时，霍去病虽然年少，却久经沙场，一次次饮马瀚海，与匈奴作战，并屡建奇功。汉武帝为了嘉奖他，特意给他建造了一所豪华的住宅。霍去病却看也没看一眼，当即辞谢道："匈奴未灭，臣无以家为！"

"闻鸡起舞"也是一个流传至今的励志的成语，意思是，天还未亮时，只要听到雄鸡的啼鸣，

就要起来舞剑练功。人们用这个成语来形容有志者珍惜时光、奋发图强。这个典故出自《晋书·祖逖传》。祖逖是东晋时的一位爱国将领。祖逖少年时就胸怀远大的抱负,每次和少年伙伴刘琨纵谈国家大事和个人志向时,总是慷慨激昂、激情满怀。当时,他隐隐预感到,中华大地即将面临"四海

祖冲之的故事

鼎沸，豪杰并起"的动乱局面。所以他心怀忧虑，时常夜不能寐，仿佛时刻都在准备着，一旦边关有事，他就会听从朝廷的召唤，随时准备奔赴前线。

在国子学，少年祖冲之每次读到霍去病、祖逖的故事的时候，心儿好像跟随着一面面迎风招展的战旗，飞向了战马嘶鸣的远方，飞到了西北的天狼星下；耳边尽是那响彻大地的奔马蹄音，还有那滚滚狼烟之中"犯我中华者，虽远必诛"的铮铮誓言……

木杆的影子

木杆的影子

扫码听本篇

有一天,祖父带着少年祖冲之去拜访一位名叫何承天的官员。

"这位何家祖父,可不是等闲之辈啊!"祖父告诉冲之说,"他是一个上知天文、下知地理的真正的大学者。"

何承天已经七十多岁了,头发、胡子都花白了,但他精神矍铄,每天还像年轻人一样兴致勃勃。天未明时,他就会早早起来,观察东方的微光,看看是哪颗星星最后从天边隐去;到了晚上,他会披星戴月,观测浩繁的星宇……

祖冲之的祖父拜托何承天,以后多指点一下祖

冲之,让他知道该怎样去观测天象和发现一些天象的奥秘。

"我的大匠卿呀,你不就是当朝赫赫有名的'天象通'吗?要我来指点文远,岂不是舍近求远?"

"何大人此言差矣!我懂得的那点儿天文常识,已经不够文远学习了!天文和地理方面的事,你是大家呀!听说你家的后花园里每天都竖着一根土圭?能不能给文远讲讲其中的道理,让他开开眼界?"

"所谓'土圭',不过是一根垂直的木杆而

木杆的影子

已,"何承天把白胡子一撩,笑着说,"请你们祖孙俩移步后花园。"

走进何家的后花园,祖冲之一眼就看见,一块空旷的草坪上果然竖立着一根孤零零的木杆。

"这就是土圭。文远,你回家后,也可以找一块空旷的地方,竖起这么一根木杆。"

"何祖父,它有什么用呢?"

"哦,用处可大了!用它就能测量出日头在天上的位置呢!比如,这会儿早晨刚过,还是上午时分,日头在东边,木杆的影子是朝西的,影子是不是还特别长?这说明日头是刚刚从东方升起来。整个上午,木杆的影子会慢慢朝向西北,

而且会越变越短。到了正午时分,木杆的影子会朝向正北,这是一天里木杆的影子最短的时候,也是一天里日头升得最高的时候。文远,你知道吗?这时候,日头位于我们的正南方。然后木杆的影子又会慢慢变长,经由东北方而向东方移动。当影子越来越长时,那就是日头开始落山的时候了!"

"呀,一根木杆,在日头底下竟然会有这么多变化!"

"还不止这些呢!文远,你再看那里,是不是有一条五颜六色的标记?你知道这是什么吗?"

"这是用来计算日光的长度的吧?"祖冲之试探着说道。

"果然是个聪颖多智的少年啊!"何承天说,"我在木杆北面用不同的颜色标注起来的这条线,是指向正北方向的。每隔一尺,我就换一种颜色,标记上尺寸。到了正午的时候,木杆的影子重合到

木杆的影子

这条线上,我很快就能判断出它的长度。"

"正午的影子,难道每天长短还都不一样吗?"祖冲之好奇地问道。

"粗略地看,好像没有什么两样。其实,只要你仔细观察,就能发现一些细微的变化,"何承天继续给祖冲之讲解道,"比如,夏日里,木杆的影子是一尺多一点,到了冬天,影子却有一丈长,相差近乎十倍呢!就拿前天和昨天相比,影子的长短也会有细微的差别,今天的影子和昨天的又不一样,这说明了什么呢?说明在这个季节,白天的时间在一天天变短。文远,这些不都可以帮助我们认识天象,进而帮助我们去推算和制定历法吗?"

"难怪古人说,每年的夏至和冬至这两天,是日头离我们最高和最低的两天。"

"对呀!我也用木杆的影子测试过。一年中,夏至这天,木杆的影子最短;冬至这天,木杆的影

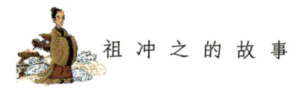

祖冲之的故事

子最长。古人诚不我欺呀！"

"何祖父，您用土圭观测日头的方法是怎么想出来的呀？真了不起！"祖冲之满心敬佩地说道。

"其实，这个方法也不是我独创的，古已有之。我听说，你是国子学里最为用功的学生，将来必定会有大出息！我的这个方法，就是从古书里学到的。"

接着，何祖父给少年祖冲之讲到，他从一本古书上读到了战国时期的入蜀治水、修建都江堰水利工程的李冰的故事。他从李冰那里学来了这个方法。

原来，公元前302年前后，正值中国历史上的战国时期。李冰就出生在这个时期的秦国陇西郡（今甘肃省兰州市、定西市、天水市一带）。李冰在少年时，对天地、日月和星辰的变化特别好奇。有一天，他在自家门前的平地上插起几根高高的竹竿，做成了一个简易的日晷，利用竹竿投在地上的影子的移动，观察和计算太阳的运行轨迹。他还在自己的卧室里开了一个小天窗，透过天窗，不断地观察和记录天象变化。有时候，他还会独自坐在小河边仰望星空，看月亮在云朵间穿行……直到母亲找来，心疼地为他披上挡风的衣裳。

曾有一段日子，甘肃定西、天水一带的乡间一连下了三天秋雨，乡亲们没法下地干活，还特别担心成熟的玉米会烂在地里。望着大家忧愁的面容，李冰却笑着说："赶快收拾家什，准备下地干活吧，半个时辰后，一定会雨过天晴的。"乡亲们听从李冰的话，纷纷带上筐子和筬箕，来到已经成熟的玉米地里。果然，不一会儿，明媚的太阳露出了笑脸。乡亲们都夸李冰是个好后生和"活神仙"……

这些故事给何承天带来很大的启发。现在，何

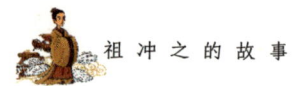祖冲之的故事

承天又把这些故事讲给了祖冲之听,少年祖冲之也深受启发,更加明白了一个道理:中华民族的先贤们留下的智慧和文明是多么宝贵啊!正因为宝贵,就更需要后来的一代代人来传承它们,把它们发扬光大。

华林学省的骄子

华林学省的骄子

扫码听本篇

公元443年(南朝宋文帝元嘉二十年),祖冲之十四岁了。

就在这一年,前面说到的那位老学者何承天向当时的皇帝宋文帝上书,提出了修订国家历法的建议。宋文帝同意了,下令从公元445年起,实行新历。不过,那时候中国还没有采用公元纪年。在那之前,历朝历代的纪年方式是,由每一位皇帝制定一个属于自己的年号,作为纪年名称。比如,宋文帝制定的年号叫"元嘉",实行新历那年是元嘉二十二年,所以史书中称这个新历法为"元嘉历"。

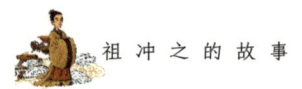 祖冲之的故事

"元嘉历"才刚实行两年,何承天就去世了。后来,京城里出了一件大事:宋文帝的儿子、皇太子刘劭(shào)竟然率兵入宫,杀死了自己的父亲,夺取了皇位。当时,刘劭的弟弟刘骏正带兵征讨境内叛乱的势力。就在刘劭自称皇帝没几天,刘骏带兵进入了都城建康(今江苏省南京市),斩杀了大逆不道的刘劭。然后,刘骏做了皇帝,是为宋孝武帝,改年号为"孝建"。

宋孝武帝上位后,提出了"以孝治天下"的治国理念。为了让更多尊崇儒家思想的读书人为他的统治服务,宋孝武帝还特意在宫廷里设置了一个机构,名叫"华林学省"。当时,各地的优秀青年通过选拔进入华林学省读书、学习和做研究。

华林,本来是一座皇家园林的名字,旧址就在今天的南京市鸡鸣山南古城一带。晋代和南北朝时期,这座园林经过修整,成了皇家藏书和讲学的

地方。

公元454年（南朝宋孝武帝孝建元年），二十五岁的祖冲之因为博学多才被选拔出来，成了华林学省的一名学士。

凡是进入华林学省的青年学子，皇帝赏赐每人一套住宅和一套车马，另外还有一些绫罗绸缎。

进了华林学省的人都被称为"华林学士"。尽管华林学士不是正规的官职，但荣誉、地位、待遇都比较高，是由皇帝亲自赐封的。

祖冲之成为华林学士时，他的祖父祖昌已经去世了。祖父没能亲眼看到祖冲之取得的成就，但祖冲之的心里一直装着祖父，还有何承天等博学多智的前辈对他的教诲和期望。

在华林学省，祖冲之像在国子学一样，又心无旁骛地苦读了七八年，掌握了各门学科的知识。

祖冲之爱好广泛，除了阅读儒家的经典书籍，

祖冲之的故事

还喜爱天文、地理、数学、历史、文学……几乎没有他不感兴趣的学问。

当然,他对天文、对星空的兴趣,显然超过了对其他学问的兴趣。

在华林学省,他通过阅读大量的典籍,发现了一些有趣的记载:远在周朝初年(公元前1000年前后),中国人就已经开始观测星星了,并且有了对流星、日食、月食这些现象的认识和记载;西周时期,我们的先辈还把天上的星星划成了二十八

华林学士,皇帝亲赐

宿；战国时期（公元前475年—公元前221年），我们的先辈已经懂得了天上落陨石是怎么回事，并且有了关于"扫帚星"（哈雷彗星）的记载；之后，先辈们又知道了怎样寻找某一颗星星的位置，还能推算出金星的会合周期，发现了月亮本身不会发光……

有一天晚上，建康城上空出现了"天狗食月"的现象。

这本是一种富有周期性的自然天象，但当时的老百姓没有多少天象方面的科学知识，所以总是用一种迷信的心理来看待一些奇特的天象，甚至对"天狗食月"的天象很是惧怕，以为是不祥之兆。有的人赶紧朝着天上跪拜磕头，有的人赶紧烧香作揖，有的大户人家还让仆人敲锣打鼓或敲打盆钵，以为这样就能赶走"食月亮"的"天狗"……

 祖冲之的故事

这天晚上,祖冲之正好坐着马车经过建康城大街。

他看到市民们惶恐不安、无所适从的样子,不禁觉得有些好笑,就赶紧下车,扶起那些在地上虔诚跪拜的人。然后,他耐心地、一五一十地给他们解释了什么是"月食","天狗"根本吞不了月亮,再等一会儿,月亮又会变成原来的样子……

"这是华林学省的祖冲之大学士,他的话难道你们也不信吗?"祖冲之身边的一位朋友也赶紧对半信半疑的人们说道。

果然,没过多久,月食现象结束了,挂在夜空中的月亮再次变得皎洁和圆满。人们这才安下心来,放心地各自回家去了。

公元461年,祖冲之在华林学省经过数年的学习后,服从朝廷的安排,到南徐州(即今江苏省镇江市)刺史手下担任从事史。

从事史是个什么官儿？其实，从事史就是帮刺史这样的州级官员出出主意，协助刺史处理行政管理的相关事务，相当于今天的秘书或助理。但对做官和处理行政事务，说实话，祖冲之打心底里没有兴趣。

祖冲之带着一肚子的学问离开了华林学省，他虽走马上任，但"身在曹营心在汉"。每天忙完行政事务，他仍然喜欢走出房间，仰望浩瀚的星空，大口地呼吸大自然的新鲜空气，想象着明天早晨，太阳又将给人间送来怎样的温暖……

祖冲之的兴趣和志向是做一名探寻真相和真理的科学家！

编写《大明历》

编写《大明历》

扫码听本篇

这一天,祖冲之又在家中的一张大桌子上,摆满了削得像书签一样大小的竹片。

别以为祖冲之是在用这些小竹片做卜卦之类的抽签游戏,可不是哦!这些小竹片名叫"算筹",是用来进行较为复杂的数字计算的工具,相当于后来出现的算盘上的算珠,每一片算筹,都代表着一定的数目。

因为在祖冲之生活的那个时代,还没有笔算与珠算,除了较为简单的心算,再就是这种借助小竹片的筹算了。

祖冲之利用算筹,已经废寝忘食地计算好多天

祖冲之的故事

了。有时候夜已经很深了,他还在大桌子上不断地移动着这些小竹片。有时,不知不觉就到了三更时分。

那么,他在计算什么呢?

原来,祖冲之通过自己的观察和严谨的思考,对前辈学者何承天创立的"元嘉历"产生了几分怀疑。

何承天不是祖冲之在少年时代就十分尊敬和崇拜的前辈吗?他为什么会对何承天前辈创立的"元嘉历"产生怀疑呢?

从"元嘉历"开始推行,到宋孝武帝大明六年(公元462年),已经过去十几年了。虽然人们有时也会觉得"元嘉历"不是很完善,但是谁也没有发现问题出在哪里。

只有祖冲之渐渐发现了"元嘉历"的漏洞。

比如,在中国古代历法中,最大的麻烦就是年和月之间的矛盾。为什么一个月有的只有29天，有的却是30天呢？这是先辈们通过每个月里月亮的变化推算出来的，最终定为大月30天，小月29天。

何承天采用土圭测影的方法，测算出从这个冬至到下一个冬至有365天，外加四分之一天，这就是一年。一年又分春、夏、秋、冬四个季节；每个季节有6个节气，全年有24个节气。人们就按照这24个节气的顺序来安排一年的农事。

可是，这样一来，年的时间和月的时间实际上无法对应起来。一年有365天，外加四分之一天，这样，一年就有12个月，外加十一又四分之一天。那么，这十一又四分之一天怎么安排呢？

最早的解决办法是，平常每年有12个月，叫作"平年"；除了正常的平年，再设置一个闰年，逢闰年时，就有13个月。每19年就设7个闰月。这样，就把零头的问题解决了。

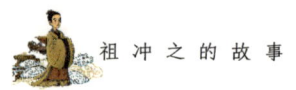

从秦汉时期一直到南朝时何承天创立"元嘉历",这个历法规则一直在运行。

可是,祖冲之通过自己的观测和严谨的计算发现,按照这个规则去设置闰数,每过200年左右,就会出现1天的偏差。也就是说,从秦汉时期到南朝时期,冬至日已经往后顺延了3天。何承天创立的"元嘉历",虽然纠正校准了冬至日,但是如果继续采用每19年设7个闰月的办法,将来必定又会出现新的偏差!

所以,祖冲之发现这个漏洞后,大胆地提出了自己的历法改革方案:以391年为一章,每一章设置144个闰月。这样推算下去,就会把偏差控制到最小。

除了在历法上发现了"元嘉历"的漏洞,祖冲之还提出了一个天文方面的主张:应该用岁差的原理来计算太阳的位置。

编写《大明历》

　　这是什么意思呢？原来，中国古人一直认为：太阳每年在黄道上绕一个圈子，然后再回到原处。直到东晋成帝咸和五年（公元330年）前后，一位名叫"虞喜"的天文学家观测发现，太阳每年沿着黄道绕一个圈子，最终不是回到原处，位置有着微小的变化。这种细微的变化，就叫"岁差"。

　　祖冲之通过对太阳绕行的观察和测算，肯定了虞喜"岁差"的观点，主张在历法改革中采用岁差的原理，这样就可以更精确地计算出太阳绕黄道一圈后返回的位置。

　　此外，祖冲之还付出了大量的时间和精力，仔细观测了月亮和五大行星的运行状态，测算出了五大行星绕地球一圈的时间。他还根据自己精确的测算，成功地预报了月食现象出现的日期。

　　宋孝武帝大明六年（公元462年），三十三岁的祖冲之把自己编写的新历法写成奏章呈给了皇

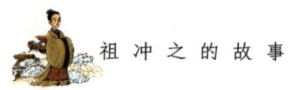

祖冲之的故事

帝。因为这个新历法是在大明年间提出来的，所以人们就称它为"大明历"。

要知道，修改和编写历法可不是一件小事，而是一件连皇帝也不敢轻易点头、更不敢一个人说了算的大事。

更何况，何承天前辈创立的"元嘉历"，早已得到了朝廷的认可，也得到了老百姓的信任，大家都在使用"元嘉历"。

现在，祖冲之竟然提出了新的历法，而且是冲着自己从小就打心眼儿里敬佩的一位祖辈学者创立的历法来的！不用说，祖冲之很快就遭受到了从朝廷到民间的各种阻力。

就连祖冲之的父亲祖朔之，也不能理解儿子的做法。父亲气得大声吼道："何大人可是看着你长大的，你一直口口声声说十分敬佩他，你就是这样敬佩他老人家的？"

"何家祖父是我从小就打心底里尊敬的长辈，这没有什么可说的，"祖冲之为自己辩解道，"可是，真相就是真相，道理就是道理，这和个人的感情是两码事。我发现了前辈创立的'元嘉历'的缺陷，却佯装不知，不加纠正，这不仅对不起真理，也对不起长者的一番苦心。"

少稽古，有机思

 祖冲之的故事

不敬师长

"你……你……你就等着别人看你的笑话吧!"父亲气得不知说什么好。

祖冲之改革和制定新历法的做法,再一次印证了国子学学者们对他的评价——"少稽古,有机思"。他将此展现得淋漓尽致。

《大明历》的奥秘

《大明历》的奥秘

扫码听本篇

为了阐明自己编写的《大明历》更符合天象的科学性,也为了说服皇帝下令推行比"元嘉历"更为精准的"大明历",祖冲之不知费了多少口舌,并且和朝廷里的一些官员进行了针锋相对的辩论与斗争。

公元464年,在祖冲之写成《大明历》的两年之后,宋孝武帝终于同意和宣布,从公元465年开始,在全国推行"大明历"。

然而,好事多磨。公元464年夏天,宋孝武帝一病不起,不久就驾崩了,年仅十六岁的太子刘子业继位。不过,这个少年皇帝只知道吃喝玩乐,大

《大明历》的奥秘

呕心沥血却不得重用

小事情都交给朝廷里的大臣们去处理。这样,"大明历"的推行事宜,又被当初极力反对祖冲之编写的新历法的一个大臣接手了。因此,采用新历法这件事还没等到实施,就又被搁置了起来。

在这之后,祖冲之在事业和生活上都经受了种种挫败,进入了比较失意的低谷时期。但是他并没有气馁,而是咬着牙度过了一个个苦难,并且坚信真理的光芒是任何力量都无法遮挡的,总有一天,他付出多年的心血编写出来的《大明历》会被采用的!

那么,祖冲之编写的《大明历》,到底有哪些奥秘呢?或者说,它的先进性和科学性表现在哪里呢?

祖冲之根据自己的观测和仔细推算,发现了前辈何承天创立的"元嘉历"的三个漏洞。因此,他就提出了三条修改意见。

 祖冲之的故事

第一条修改意见是：修改闰法。祖冲之认为，"元嘉历"仍然沿袭前人的章岁法，是不科学的。因为章岁法闰数过密，每过200年左右，阴历和阳历之间就会出现1天的偏差。所以祖冲之经过反复比较、推敲和演算，提出在391年中插入144个闰月的办法。后来，人们经过长期的实践和验证，证明了祖冲之提出的这种闰法，的确比前人的闰法更为先进和准确。按照祖冲之的闰法，要经过1739年左右才会出现1天的偏差，而古法每200年左右就要差1天。

第二条修改意见是：在历法中引入岁差法。什么是"岁差"？我们前面已经讲过，祖冲之根据自己的实测和计算，不仅证实了岁差现象的存在，也重新核准了岁差的数据。祖冲之的计算结果是：以冬至为终点，每45年11个月左右，岁差会向后移动1度。祖冲之获得的这个数据，与现代天文学家

获得的数据相对比，是不够准确的。然而在当时计算方法极其原始的条件下，这已经是相当了不起、相当具有科学性的数据了。根据现代天文学家的计算，岁差每年有50.2秒，每71年8个月才向后移1度（1度为60分，1分为60秒）。祖冲之依据自己的推算结果明确指出，"元嘉历"没有考虑到岁差现象，这是一大疏漏。祖冲之的观点是前人从未提出过的，所以被认为是为后世新历法的改革开了一个先河。

第三条修改意见是：应该在历法中加上交点月的内容。

什么是"交点月"呢？现在，人们都知道，太阳、月亮、地球在太空中都有自己的运行轨道。中国古人把太阳的运行轨道叫"黄道"，把月亮的运行轨道叫"白道"。黄道面与白道面的交点，就叫"黄白交点"。月亮从黄白交点出发，环行一圈

后，再回到黄白交点所需的时间，就叫"交点月"。祖冲之认为，在历法中加上这方面的内容很有必要，可以帮助人们准确推算出日食和月食发生的时间与位置。

祖冲之是中国第一个计算出交点月的天文学家。他测算出的交点月是27.21223日，与今天的天文学家测算出的27.21222日极为接近。这是非常了不起的！要知道，祖冲之生活的那个年代，没有任何观测仪器，也没有任何计算仪器，只能依靠他摊在桌子上的那些名为"算筹"的小竹片，以此当作计算工具。我们可以想象一下，他在这样简陋的条件下，能测算出这样精确的结果，不知耗费了多少日夜、多少心血。

因为有了对交点月的精确计算，祖冲之运用自己测得的数据，在从公元436年到公元459年这二十三年当中，先后多次准确地预报和验证了日食和月食现象。这说明,他的交点月计算法在实际应用中也是可靠的。

除了前面提到的三条针对"元嘉历"的修改意见,祖冲之编写的《大明历》与中国历代的历法相比,至少还有两点新的突破:

第一,祖冲之在历法中区分了恒星年和回归年,并计算出了回归年的日数。"恒星年"指的是太阳连续两次经过某一恒星所需要的时间,也就是地球绕太阳公转的一个周期;"回归年"指的是太阳中心在黄道上连续两次经过春分点所需要的时间,也叫"太阳年"。祖冲之在区分了恒星年和回归年之后,又计算出一个回归年是365.24281481日。这个数字是相当精确的,和现代天文学家计算出的数字仅差46秒。

第二,中国古代一般都是用岁星(木星)纪年的。祖冲之在他的新历法中增加了他测算出的木星

祖冲之的故事

绕行太阳一圈的时间,即 11.859 年。

毫无疑问,祖冲之编写《大明历》,是一项既复杂又浩大的历法改革工程,也是一项耗费了这位年轻的科学家无数宝贵的心血、凝聚着他高超的智慧与严谨的科学精神的科学研究。

祖冲之生活的那个年代,人类在科学技术领域的探索和发明成果,几乎是一片空白。因此,祖冲之在天文、历法方面取得的成果,更显得格外宝贵。

《大明历》编写完成时,祖冲之只有三十三岁,是一位风华正茂的科学家。他的探索的脚步当然没有仅仅停留在历法上,还有更多的科学奥秘正在前方等待着他呢!

神奇的计量器

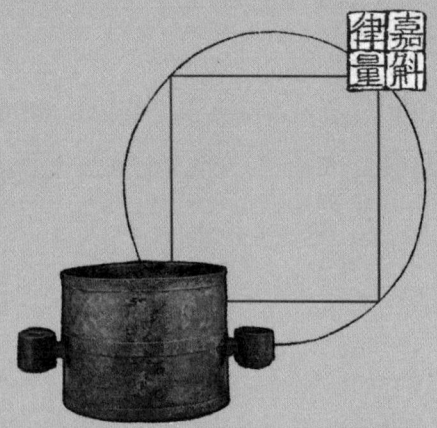

神奇的计量器

扫码听本篇

我国古代在西汉和东汉这两个朝代中间，曾有一个极为短命的朝代，就是王莽建立的新朝。新朝只存在了十四年，即从公元9年至公元23年。

新朝的皇帝王莽，为了向百姓征收谷物以作为上交朝廷的赋税，就规定了新的量器单位和换算比例：1斛=10斗；1斗=10升；1升=10合；1合=2龠（yuè）。

当时，有一位工匠出身的发明家，名叫"刘歆"。他奉王莽的命令，根据朝廷的量器制度，发明了一件标准的量器，名叫"律嘉量斛"。《汉书》里记载，这件量器的外形是圆柱形的，两侧有

祖冲之的故事

耳,设计得非常巧妙。量器主体分上下两部分,上部可装一斛谷物;倒过来后,下部可装一斗谷物。左耳里面是空的,可装一升谷物;右耳是实心的,但有两个洞,一个洞能装一合谷物,另一个洞可装一龠谷物。也就是说,朝廷规定的五种量器单位,都集中在了这件神奇的计量器上。

然而,等到短命的新朝结束,进入东汉之后,这件量器似乎也完成了自己的使命。它被收捡在皇宫的器物堆中,再也没有人去理会它,好像失传了一样。

刘宋末年,祖冲之被朝廷任命为谒者仆射。

神奇的计量器

谒者仆射是做什么的呢？其实，谒者仆射相当于现在的传达室人员，就是坐在皇宫的门房里，负责引导觐见皇帝的官员和传递文书。这个职务比较清闲，使得祖冲之有更多的闲暇时间研究他喜欢的天文和历法。这个职务让祖冲之有机会接触到皇宫里的一些器物。

有一天，在皇宫里一个不起眼的房间中，祖冲之从一大堆物品中发现了一件落满灰尘的铜制器物。

这是什么东西呢？祖冲之好奇地拭去了上面的灰尘，看到器物外表还铸有少量的铭文。他仔细一看，猛然想起自己曾在《汉书》里读到的刘歆制造的律嘉量斛。

原来，律嘉量斛并没有失传，而是被人们遗忘在了这一大堆旧器物之中。

突然与诞生在四百多年前的一件神奇的量器相

祖冲之的故事

遇,祖冲之开心极了,他更加仔细地辨认着量器上的那些铭文。

原来，这些铭文就像一份使用说明书，详细地说明了这件量斛的尺寸和容积是怎么计算出来的：

取一个边长为1尺的正方形，在正方形外面作圆，圆周略微超出方尺四周。那么这个圆的大小就是量斛的口的大小，总计162方寸。量斛是圆柱体，上下一样大，深度为10尺。这样，量斛的容积计算公式就是：162方寸×10寸＝1620立方寸。

这份"使用说明书"，引起了祖冲之极大的好奇心。

"既然写得这么详细，那我何不照着铭文亲自计算计算？验证一下律嘉量斛的计量标准到底准确到什么程度。"

祖冲之不愧是一个从小到大对任何事物都充满好奇和"机思"的人家。于是，他根据斛上铭文的提示，利用自己从《九章算术》等典籍里学到的圆的面积的计算方法、直角三角形的勾股弦定理等，

祖冲之的故事

不仅演算出了刘歆制造的律嘉量斛的容积,而且还仔细地推算出了刘歆在设计量斛的容积时所使用的圆周率,即 π 为 3.1547。

祖冲之用这些数据推断和验证了,律嘉量斛确实是一件非常精确的量器,它的准确度超过了中国史书中记载的以前有过的所有同类量器。

"前人的计算方法,原来已经达到了这样的精确度,真是了不起啊!"当祖冲之摆弄着满桌的算筹,最后计算出刘歆所使用的圆周率已经精确到小数点后面第 4 位时,禁不住大声赞叹道。

这时候,祖冲之的儿子、只有十多岁的祖暅(gèng)听见声音跑了过来,问道:"父亲,什么事让您这么高兴呀?"

"你想呀,刘歆是四百多年前的新朝人,但他那个时候就在使用这么精确的圆周率了。前人的智慧真是了不起啊!"

祖冲之的这个儿子，又名"祖暅之"，长大后也成了南北朝时期南朝有名的数学家和天文、历法方面的学者。祖冲之去世后，祖暅传承了父亲未竟的事业，把祖冲之有关算术的文章收集了起来，编为六卷，名为《缀术》。这是中国古代的经典数学著作。

当然，这些都是后话了。

因为遇见了律嘉量斛这件神奇的计量器，祖冲之的研究开始朝着数学的方向走去，而且越走越远。

艰苦的演算

艰苦的演算

扫码听本篇

夜,很深很深了,人们大都入睡了。

外面寂静的街道上,不时传来巡夜的更夫有节奏的打更声,还有夜行的马车渐渐远去的车轮声,随后又是一片深沉的寂静。

月亮像一只小船,在深蓝色的夜空中无声地划动,穿过一层层薄薄的云彩……还有稀疏的几颗星星,在远远的天边眨着眼睛,好像在偷看深夜里那些亮着光的小窗下未眠的人们……

已经是子夜时分了,祖冲之还没有丝毫睡意。

他的桌子上仍然摊着一组组竹片算筹。他一会儿轻轻移动这几片算筹,一会儿又摇摇头,果断地

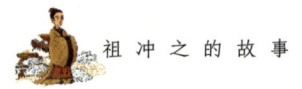

祖冲之的故事

挪开另外几片算筹……

看得出来,他正在聚精会神地进行细致的计算。

是的,这些日子,他一直把精力集中在圆周率数值的计算上,一步一步地向前推算着,好像快要接近一个明朗的目标了。但是他也明显感觉到,越是快要接近最后的目标,计算起来就越加艰辛,需要他付出十倍、百倍、千倍的耐心,也需要一丝不苟的细致与谨慎!

说起圆周率,我们都知道,它是指一个圆的圆周和直径的比值,现代数学用"π"这个符号来代表它。

其实,在祖冲之之前,中国历史上已经有不少学者在探究圆周率的问题了。

大约在公元前1世纪的时候,中国就出现了一本名为《周髀》的书,这是中国最古老的数学和天文学著作。唐朝初期的国子监（相当于现在的大学），把《周髀》定为明算科（相当于现在的数学系）的教材之一，并且将其改名为《周髀算经》。

《周髀》里有一个定论，叫"径一周三"。意思是，一个圆的周长是直径的三倍。如果一个圆的直径是1尺，周长就是3尺，圆周率就是3。

祖冲之在少年时就熟读过《周髀》，而且还用一根绳子绕车轮一圈，仔细测量过。但他反复测量过一些圆形后，得出的结果是：一个圆的周长并不完全是直径的三倍，而是比三倍要多出那么一点儿。

为什么会这样呢？这个疑问一直存在于祖冲之的头脑里。

看到了刘歆制造的律嘉量斛后，祖冲之又计算出，刘歆制造这件量器时，用的是新的圆周率数值3.1547。

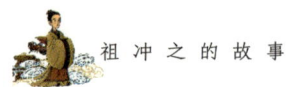

这个数值,显然比《周髀》里说的三倍更为精确了。

东汉时期的科学家张衡在研究历法时,也用自己特有的测量方法重新计算过圆周率。张衡的计算结果是:π 约为 3.162。

三国时期的吴国人王蕃,也是一位天文、历法方面的研究者,他计算出来的圆周率数值约为 3.155。

由此可见,在中国古代,一代代天文、历法和数学研究者一直在接力,从未停止过对圆周率的计算和研究。他们一步一步不断得出新的和更加准确的计算结果。

到了三国末期,魏国又出现了一位大数学家,名叫"刘徽"。公元 263 年,刘徽在为古代的一部算术名著《九章算术》做增补工作时,提出了一个计算圆周率的新方法,叫作"割圆术"。

艰苦的演算

什么是"割圆术"呢？简单说来，可分为两大步：

第一步，如果一个圆的直径是2，在圆内作一个正六边形，让它每条边的长度正好等于圆的半径，那么六边形的6条边的长度相加，就是它的周长。用周长6除以直径2，得出的就是最古老的圆周率，即 $\pi=3$。

刘徽计算到这一步并没有停止，又继续进行了第二步。

第二步，在圆内接六边形的基础上，用同样的方法，再作一个圆内接十二边形，也求出它的周长。这个周长的数值，就比内接六边形的周长的数值更接近圆的周长的数值。如果继续把圆切割下去，一直切割到不能再切割，最终，这个"无限边形"就会和那个圆完全重叠，它们的周长值也就相等了。这时候，圆周率的数值就会达到最精确的程

度。这种不断切割的方法,就叫"割圆术"。

刘徽运用此方法,计算出了六边形、十二边形、二十四边形、四十八边形……一直到九十六边形的边长之和。最后得出的结果是:圆的周长是直径的3.14倍。

刘徽计算到九十六边形的时候,已经觉得十分吃力,就没有再无限地计算下去。

面对刘徽的计算结果,祖冲之想到的是:虽然刘徽用割圆术算到九十六边形已经非常不容易了,获得的结果也比较精确了,可是,如果按照这种思路继续切割下去,会怎么样呢?假如一直切到了一百九十二边形、三百八十四边形,会是什么结果呢?那时得出的结果岂不是会更加细微和精确?

正是沿着刘徽没有继续下去的思路，祖冲之决心试一试，看看自己到底能走多远，最终又会得出怎样的结果！

祖冲之的故事

于是,祖冲之夜以继日、披星戴月地投入到了中国历史上前所未有的、艰苦的"计算长旅"之中……

他自己一个人摆弄不了那么多的算筹,有时也会叫来儿子祖暅做一下小帮手,顺便也培养一下儿子对数学和历法的兴趣,训练一下儿子的数学思维能力。

今天的人们几乎无法想象,古人在没有计算尺、计算机,甚至连算盘、笔算都还没有的条件下,要计算出圆周率这样复杂的数学问题,该是多么艰辛,要付出多少心血!

人们更无法想象,就是在这样简陋的条件下,祖冲之竟然接着刘徽的九十六边形一直往下计算,又仔细地计算到了一百九十二边形、三百八十四边形、七百六十八边形……一直算到了两万四千五百七十六边形!

艰苦的演算

度过了无数个春夏秋冬,熬过了无数个不眠的长夜,经过了无比艰苦的计算,祖冲之最终得出了精确到小数点后面第7位的圆周率。如果一个圆的直径为1,那么圆周率大于3.1415926,小于3.1415927。

在祖冲之生活的公元5世纪,能把圆周率精确地计算到小数点后面第7位的,全世界也只有祖冲之一人!

公元1573年,德国数学家奥托(另译为"鄂图")也把圆周率精确地计算到了小数点后面第7位。这是欧洲人第一次计算出精确的圆周率,但比祖冲之研究出的数学成果迟了一千多年。

水碓磨和指南车

扫码听本篇

三十五岁以后,虽然祖冲之也担任过县令、谒者仆射、长水校尉一类的官职,但任何行政管理事务和官职都无法引起他太大的兴趣。他最喜欢做的还是从事科学和技术研究。

作为天文和历法学家,他提出了革新"元嘉历"的主张,编写出了一部更加符合天象特征、更为科学化的《大明历》;作为数学家,他经过一次次周密的推算,最终算出了圆周率的数值在 3.1415926 和 3.1415927 之间,把圆周率的数值精确到了小数点后面的第 7 位,简化成 3.1415926。

同时,祖冲之也是一位机械制造方面的巨匠,

祖冲之的故事

他的动手能力非常强。据史书记载,他在机械制造方面的发明有指南车、水碓(duì)磨、千里船、漏壶和欹(qī)器等。这些发明大部分是用来提高普通劳动者的生产能力、造福百姓的,有的发明一直被保存和延续到了今天。

有一年秋天,江南的稻谷丰收了,农民们高高兴兴、热热闹闹地在谷场上舂(chōng)米。

这一天,祖冲之忙完了公事,信步来到不远处的一个村庄。他仿佛也想感受一下农人们丰收的快乐。

水碓磨和指南车

突然,他看见一位老人正用脚踏着一根木杆,木杆一头连着一个石杵,一下、一下、一下……老人每踏一下,石杵就舂一下,放在石臼里的稻谷就这样被一点点舂去了谷壳,变成了白花花的大米。千百年来,江南的农民们一般都是用这种既古老又笨重的方式来舂米的。不用说,这样舂米非常吃力。

祖冲之站在一旁,看着那个老翁吃力地舂着米,边看边想道:"能不能找到一种更简便、更省力的办法来舂米呢?那样,是不是可以减轻农人们的劳作负担呢?"

这样想着想着,不知不觉,祖冲之就走到了稻田附近的一条小河边。湍急的河水哗哗地流淌

祖冲之的故事

着,冲刷着河床上的鹅卵石,潺潺不息地流向了远方……

"要是能把河水流淌时的力量给利用起来,代替人力来舂米,是不是可以让人省下不少力气呢?"站在小河边的祖冲之忽然来了灵感,心里豁然开朗。

回到住处,他找来一本典籍,从上面找到了关于西晋初年杜预发明过连机碓、水转连磨的记载。

连机碓的原理是,寻找一个水流较急的地方,装上一个大木轮子,轮子着水的地方,全部装上宽木板,宽大的木板可以使轮子的着水面积变大。轮子中轴的一头很长,用它可以连接好几个石杵。当水流推动轮子转动的时候,石杵也可以自动上下起落,代替人力来舂米。

水转连磨的原理跟连机碓差不多,但它主要是用来磨面的。跟连机碓不同的地方是,那个大中轴上连着的是一些同磨盘相接的联动齿轮,大木轮一转动,中轴便会带动齿轮,然后由齿轮带动磨盘,不停地转呀转。据说,如果水力较大,一个大木轮能带动八个磨盘呢!

看到前人的这些经验,祖冲之喜出望外。他赶紧找来合适的材料,自己动手,仿照着连机碓、水转连磨的制作原理和方法,并且把它们重新优化组合,最后制作出了一个更加方便、耐用的水碓磨。

水碓磨做好了,需要拿到河边去试用。

这天,附近的农民们扶老携幼地纷纷跑来观看。祖冲之的这个创新甚至还惊动了皇宫,连当时的皇帝也带着一些官员来到了现场,想看个究竟。

祖冲之走上前去,简单地向皇帝和几位大臣介绍了一下水碓磨的原理,然后特意请皇帝下令开机。

皇帝也很好奇,迫不及待地下令开机。只见河水推动着大木轮转动之后,中轴也随着转动起来,

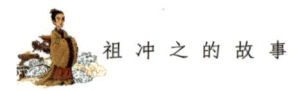
祖冲之的故事

接着,碓和磨也开始了作业……不一会儿,一堆加工好的、白花花的稻米就呈现在了人们眼前。

稻谷加工好了,又换上麦子开始磨面。结果,面也磨得又细又快。

"好啊!好啊!有了这个'神器',农人们舂米、磨面就省力、省时多了!"皇帝、大臣们和农人们都啧啧称赞。

再说说祖冲之耗费了很大精力、用铜制机件制造出来的指南车。

在中国古老的神话传说里,华夏族的首领黄帝和东方部落的首领蚩尤,曾经展开过一场决定双方命运的大战。就在黄帝的军队快要获得胜利的时候,突然大雾迷漫,人们分辨不出东南西北。这时候,蚩尤的军队乘机撤退,侥幸逃脱了失败的命运。

究竟是一场什么样的大雾帮助了蚩尤的军队呢?后来有一天,黄帝发现,原来那些雾气是从蚩

水碓磨和指南车

尤的嘴里吐出来的。黄帝明白,要想打败蚩尤,必须有一个能够在大雾中辨别方向的东西。于是,他吩咐手下的能工巧匠,尽快造出一种能够辨别方向的指南车。正是在指南车的指引下,黄帝部落最终打败了蚩尤……

这个古老的传说告诉我们,指南的意识和指南的仪器在中国有着非常悠久的历史,从远古时代就有了。

公元478年,祖冲之已四十九岁。当时的皇帝是宋顺帝刘准,只有十一二岁。朝廷的实际权力掌握在齐王萧道成手上。

萧道成每天都在做"皇帝梦"。他想象着,皇帝出门时都得有一辆指南车开道,自己就要当上皇帝了,没有一辆指南车怎么行呢?于是,他开始暗地里四处找人为他制造这种指南车。他听人说,祖冲之是个闻名遐迩的发明家和制造家,就让祖冲之

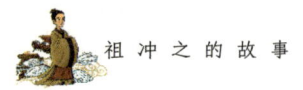

祖冲之的故事

给他制造指南车。

祖冲之当然知道，远古时代，黄帝和蚩尤打仗时，黄帝为了不让自己的军队迷失方向，就专门制造了一辆指南车。后来，三国时期的发明家马钧，也制造过指南车。可惜的是，他制造出的指南车已经失传了。

祖冲之根据能够找到的记载中的蛛丝马迹，做出了这样的推测：前人制造出的指南车，内部的零部件都是木制的。木制零部件存在很多弱点，比如不耐磨，时间长了，木制齿轮磨损久了，就会变形，最终导致整个车子失灵；又比如，木制的东西不结实，容易朽烂，这可能也是前人制造的指南车没有流传下来的原因吧。

有了这样的判断后，祖冲之决定，自己制造指南车时不用木制部件，改用铜制部件。

接着，他在设计和组装零部件时，又参照了

自己制作水碓磨的经验，巧妙地运用了齿轮的咬合与转动带来的动力。

指南车的奥妙在于，无论车子的方向是向左转还是向右转，无论怎么转变，车上那个指示方向的木头人的指向却永远不变。

怎么解决这个问题呢？祖冲之请教了不少木工匠人，最后设计出了由五个铜制齿轮组成的巧妙的动力组合，利用车轮转弯时的力量带动齿轮，再用齿轮的转动带动木头人。当然，要达到这样的效果，每个齿轮的半径和齿距必须计算精确。当车子向左转时，其中一些齿轮就要向右转；反过来，当车子向右转时，其中一些齿轮就要向左转。只要车子转弯的角度与齿轮转动的角度相当，那么和齿轮

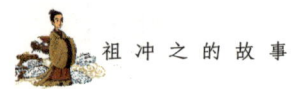

祖冲之的故事

相连接的木头人就能准确地指向南方了。

祖冲之的这种设计，用现代机械制造术语来说，叫作"差速轮差速原理"。可见，祖冲之的动力设计是符合严密的机械制造原理的。

有了设计之后，祖冲之先让匠人做了一个木制的模型。经过几次试验后，他发现木制模型的运转完全符合他心中的标准。于是，祖冲之就满怀信心地请来铜匠和木匠，让他们合作，自己则在现场监督。没过多久，就造出了一辆富丽堂皇的铜制指南车。

这时候还发生了一个小插曲。就在祖冲之试验指南车的时候，京城里一个叫"索驭麟"的匠人，听说萧道成在找人做指南车，就自告奋勇，也做出一辆。

萧道成听说这个消息后，觉得多制造出一辆也没什么不好，到时候正好比较一下。

最后,两辆指南车被摆在一起,开始了试车比赛。两辆指南车一前一后,一辆由两匹白马拉着,另一辆由两匹枣红色的马拉着。

几个急转弯跑下来,比赛的结果是:索驭麟制造的指南车上的木头人,手臂指向渐渐失准。裁判官宣布:索驭麟制造的指南车不合格!祖冲之制造的那辆指南车,无论转多急的弯,都是那么平稳。木头人的指向也十分协调、精准,车向左,它向右;车朝右,它朝左。

比赛结束后,索驭麟心悦诚服地表示,自己的设计制造功夫还不到家,跟祖冲之相比,自愧不如。他准备把自己的指南车拉回家,一把火烧掉。

祖冲之得知后,鼓励他道:"你制造的这辆指南车,其他部件还是不错的,只是对齿轮的计算不够精准,所以多转了几个弯后,木头人就失灵了。不要灰心,你可以继续改进,我们以后多加切磋。"

祖冲之的故事

祖冲之的一番话,让这位匠人倍加感动。两人从此也成了志同道合的朋友。

后世人分析说,祖冲之设计的差动齿轮机,应该是一项杰出的发明,符合现代机械设计的科学原理。可惜的是,虽然在祖冲之的指南车试制成功以后,人们也曾仿制过几辆,但它们的具体构造,还有指南车的实物,都在后来的一次次战乱中被毁,最终彻底失传了。

除了水碓磨和指南车,祖冲之后来还制造过一天能走上百里的"千里船"和"木牛流马";还设计制造出了一种用来衡量和计算时间的计时器,叫作"漏壶",即现在常见的沙漏。所以说,他不仅是数学家、天文学家和历法学家,也是一位杰出的发明家和制造家。

未了的心愿

扫码听本篇

时光在一次次的发现、发明和创造中,像流水一样默默地流逝了。科学家的智慧和创造力是无限的,但是人的生命是有限的。不知不觉,祖冲之迈入了老年。

祖冲之老年时,重病缠身。但他忍受着病痛的折磨,把自己从小就爱读的、我国最古老的一部经典数学著作《九章算术》,仔细地做了新的注释。

当他知道自己不久于人世时,就把儿子祖暅叫到了床前,一字一句地叮嘱道:"我的病恐怕是治不好了。我死不足惜,只是为父还有两个心愿未了,心有不甘啊!"

 祖冲之的故事

祖暅说:"父亲,您放心,您的心愿孩儿知道,孩儿定会尽快帮您实现。第一件事,就是把您的算术著作编纂成书。"

祖冲之点点头说:"是的,这是为父的第一个心愿。不过你要留心,我在讲解天文、历法的文章里,也使用了不少算术,有几篇文章还散落在坊间,你要想办法收集起来,编辑到一起。"

"好的,父亲。第二件事,想必就是您编写的《大明历》了。我一定想办法说服朝廷,使其得以实施。"

"这套历法,耗费了为父数十年的心血。旧历不改,新历不立,为父死不瞑目啊!这两个未了的心愿,都托付给你了!"

公元500年,杰出的天文学家、数学家、历法改革家和发明制造家祖冲之,永远地离开了人世,享年七十二岁。这个年纪在中国古代也算是比较长寿的了。

祖冲之的儿子祖暅,也是一位精通数学、天文和历法的学者。他铭记父亲临终前的嘱托,传承了父亲未竟的事业,把祖冲之的有关算术的文章收集了起来,编为六卷,名为《缀术》。这部书编好后,很快就被更多的人传抄和用来学习算术。

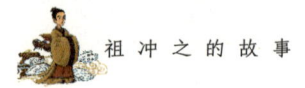
祖冲之的故事

又过了大约一百年,中国历史进入了唐朝时期。唐朝初期,少年们所学的课程里有一门"算学",所用的教材就是古代的"算经十书"。祖冲之的《缀术》就是其中之一,而且是其中最艰深的一本,需要用四年的时间才能"啃"下来。唐朝时期,祖冲之的《缀术》还被传播到了朝鲜、日本等国家和地区。